RÉPONSE

A LA

Communication faite par le « Topo » d'Hanoi

Aux Agents

des Travaux Publics de l'Indo-Chine

SAIGON

IMPRIMERIE COMMERCIALE MÉNARD ET REY

—

1904

RÉPONSE

A LA

Communication faite par le « Topo » d'Hanoi

Aux Agents

des Travaux Publics de l'Indo-Chine

SAIGON

IMPRIMERIE COMMERCIALE MÉNARD ET REY

—

1904

REPONSE

A la Communication faite par le « Topo » de Hanoi aux Agents des Travaux Publics de l'Indo-Chine

Les Agents des Travaux Publics de l'Indo-Chine ont reçu de Hanoi un Bulletin signé « La Rédaction ». La diffusion de ce bulletin a pour but de faire connaître aux camarades que :

Il existe à Saigon un Groupe Amical des Agents des Travaux Publics de Cochinchine.

Ce groupe avait pour Président M. Figeac.

M. Figeac, nommé au Tonkin, partit avec mission de fonder un Groupe indo-chinois.

M. Figeac remplit sa mission.

Le Groupe Cochinchinois « lâcha » M. Figeac malgré la mission à lui confiée.

Ce faisant le Groupe Cochinchinois a manqué de camaraderie et de franchise.

Le Groupe Cochinchinois regrettera son acte.

Le Groupe Indo-Chinois a raison.

Le Groupe Cochinchinois a tort.

Dont avis aux camarades de l'Indo-Chine.

Tout d'abord, il faut se garder de confondre les camarades du Groupe Indo-Chinois avec « La Rédaction » du Topo Indo-Chinois. Tout au plus supposerons-nous à celle-ci quelque accointance avec le Comité de ce groupe.

Le Bulletin-réclame dont nous avons dégagé plus haut les principes essentiels a été, bien entendu, envoyé aux agents du Groupe de Cochinchine sans que le Comité de ce Groupe fût informé de l'envoi, comme si ce Comité n'existait pas. Procédé plus commercial que délicat. Ainsi les jeunes chocolats naissants affirment la pureté de leurs principes et dénoncent l'âme fausse de leurs concurrents mieux achalandés.

Bien que nous n'ayons pas l'âme journaliste la vérité nous oblige à quelques rectifications.

Nous reconnaissons très volontiers que M. Figeac a été l'un des principaux fondateurs de notre Groupe et qu'il a déployé la plus grande activité pour le succès de l'œuvre. C'est même pour cette raison que nous avions, le jour où il nous a quittés, coiffé son chef d'une auréole et mis dans sa dextre la palme des « bienheureux fondateurs ». Malheureusement, ô faiblesse des humains, les vapeurs de l'encens brûlé à ses pieds grisèrent M. Figeac, à tel point qu'il en vint à se dire : « le Groupe, c'est Moi ! ».

Quand il partit pour le Tonkin chargé de semer la bonne parole, il mit, ou crut mettre, dans sa valise le Groupe de Cochinchine et le Topo cochinchinois et une fois à Hanoi, la palme devint sabre et l'auréole, casque. Et la série des ultimatums commença *(voir les pièces reproduites ci-dessous)*.

De la « Communication aux agents des Travaux publics de l'Indo-Chine », nous allons examiner point par point la péroraison, mais avant tout, pour que les camarades, qui n'ont pas reçu la communication en question, puissent juger en connaissance de cause, nous la reproduisons en entier en y ajoutant même quelques-documents que la Rédaction a, par oubli sans doute, omis de publier mais qui ont leur intérêt.

Hanoi, le 29 septembre 1904.

« Mon cher ami,

« Ci-joint deux circulaires que je vous adresse avec prière de leur faire l'honneur du *Topo*, le prochain numéro si possible. Les listes de souscriptions pour les abonnements ne sont pas encore rentrées et je ne puis vous dire par suite d'une façon bien précise le nombre des nouveaux abonnés de notre bulletin mensuel. — Les renseignements qui me parviennent me permettent d'évaluer dès à présent à 100 le nombre d'exemplaires qu'il sera nécessaire de m'adresser le 15 octobre prochain, c'est un minimum.

« Dès que le Groupe Amical indo-chinois des agents des Travaux publics sera constitué, c'est-à-dire dans le courant du mois prochain, je vous préviendrai. Malgré que notre nouveau Groupe soit destiné à englober celui de Saigon, ce dernier n'en conservera pas moins son autonomie, rien ne sera changé. Cependant, et cela est un avis que vous êtes libre de faire discuter par le Comité du Groupe, il serait désirable que le Groupe Amical de Cochinchine voulut bien se considérer comme une section de celui du Tonkin qui embrassera l'ensemble de nos possessions d'Extrême-Orient. Cela ne peut souffrir aucune difficulté.

« Au point de vue des mesures qui pourront être prises en haut lieu, il y a, je crois, un réel intérêt à ce qu'il en soit ainsi. A un point de vue plus particulier, plus intérieur, si je puis m'exprimer ainsi, la règle pourrait être celle-ci : Les cotisations appartiendraient au Groupe où l'agent serait ou se ferait inscrire. En changeant de résidence, le membre pourrait changer de Groupe en conservant tous ses droits acquis. Les subventions qui pourront être allouées au Groupe amical indo-chinois seront ventilées entre les deux sections au prorata des membres les composant et je vous donne d'avance la promesse que je veillerai à ce que votre caisse ne soit pas sacrifiée. L'accueil qui m'a été fait ici, l'empressement qu'on a mis à accepter l'offre de propagande dont vous m'aviez chargé à mon départ de Saigon ont été trop spontanés et trop chaleureux pour qu'il ne me soit pas interdit d'avance de supposer qu'un pareil contrôle sera nécessaire.

« Signé : STÉPHANUS ».

Hanoi, le 22 septembre 1904.

« Mon cher camarade,

« Le Bulletin du Groupe Amical des Agents des Travaux publics de Cochinchine, le *Topo*, dont vous trouverez ci-joint les deux premiers exemplaires parus, a été fondé dans le but de créer entre les Agents, par des occasions fréquentes de rapprochement, les relations amicales d'où naissent les liens de camaraderie, même la solidarité, qui ne doivent cesser d'exister parmi le personnel d'une grande Administration comme la nôtre.

« Les relations administratives sont, vous le savez, insuffisantes pour amener ce résultat.

« Longtemps après son arrivée, le nouveau débarqué coudoie dans la rue sans les saluer et sans les connaître, les collègues dont une occasion fera plus tard ses amis. C'est donc l'occasion qui manque et, dès lors, il est naturel de chercher à la faire naître en la provoquant.

« Cette occasion, mon cher camarade, je vous l'offre ; elle réside en ceci : j'ai reçu mission, à mon départ de Cochinchine, des camarades faisant partie du Groupe Amical, de vous proposer de participer en l'étendant, à l'œuvre de bienfaisance entreprise, dont la lecture du *Topo*, m'évitera, si vous voulez bien le parcourir, de faire ici une nouvelle analyse.

« Votre inscription au tableau ci-joint, pour un abonnement au *Topo* doublée, ce qui serait mieux encore, d'une promesse de collaboration à ce bulletin, sera l'indication qui permettra de nous compter. Dans quelques jours, dans une réunion à laquelle vous serez invité à assister, il pourra être discuté des voies et moyens d'assurer la publication du Bulletin à *Hanoi* et de l'organisation à faire d'une Association Amicale unique, englobant celle de Cochinchine.

« C'est en espérant, mon cher camarade, que vous voudrez bien faire bon accueil à ma proposition, que je vous prie d'agréer l'expression de mes sentiments bien dévoués.

« Signé : FIGEAC ».

Hanoi, le 23 septembre 1904

« Mon cher camarade,

« J'ai le plaisir de vous présenter le camarade Figeac, qui vient de nous arriver de Cochinchine pour remplacer le regretté Thimonier.

« Je vous présente en même temps le *Topo*.

« Duquel des deux faut-il faire le plus l'éloge ?

« Les numéros du *Topo* qui vous sont communiqués vous montrent en quelle estime nos camarades de Cochinchine tiennent « Stéphanus » *alias* « Figeac » et quelle sympathie il a su leur inspirer.

« Cette estime et cette sympathie lui sont acquises ici, je m'en porte garant, et la meilleure preuve que vous pourrez lui en donner ce sera de répondre à la convocation qu'il vous fera dans quelques jours, ainsi qu'il l'annonce dans sa lettre ci jointe.

« Le *Topo* se recommande de lui-même, tant par son but que par sa rédaction. Utile en même temps que spirituel et humoristique, il est, avant tout, l'organe d'une bonne œuvre.

« A ce titre, vous lui ferez, j'en suis sûr, bon accueil.

« Je me joins donc au camarade Figeac dans l'œuvre de propagande dont l'ont chargé les camarades de Cochinchine et je viens avec lui solliciter votre souscription au *Topo* d'abord, et, dans quelque temps, votre adhésion au Groupe Amical des Agents des Travaux publics de l'Indo-Chine.

« Veuillez agréer, mon cher camarade, l'expression de mes sentiments les plus dévoués.

« Signé : Boisson ».

Saigon, le 13 octobre 1904.

« Figeac T. P. Hanoi,

« Comité Groupe Amical vous adresse vives félicitations pour résultat obtenu auprès camarades du Tonkin, il vous prie être auprès d'eux interprète Groupe Cochinchinois pour affirmer vifs sentiments camaraderie et solidarité ; toutefois ayant pas, aux termes des statuts, qualité pour discuter proposition tendant à englober Groupe existant dans futur Groupe indo-chinois il ne pourra que soumettre question à prochaine assemblée générale ; pour assurer succès œuvre, semblerait prudent ne fonder, au moins provisoirement, à Hanoi que Groupe Local fonctionnant parallèlement avec Groupe existant, on chercherait ensuite moyen vaincre difficultés matérielles qui semblent rendre fusion difficile en ce moment ».

Compte-rendu de l'Assemblée générale extraordinaire des Agents des Travaux Publics de la ville d'Hanoi

Dimanche 16 octobre 1904, a eu lieu, à Métropole Hôtel, une réunion extraordinaire des Agents des Travaux Publics de la ville d'Hanoi, à l'effet de décider la fondation d'un Groupe Amical.

Étaient présents :

MM. Arpage, Barrelly, Baron, Bauer, Benabencq, Beaudoin, Bernardi, Beff, Boisson, Borgna, Bosc, Butet, Caignan, Caggini, Chabredier, Crozat, Delfour, Dumont, Dumons, Figeac, Fauconnet, Freynet, Goguet, Harley, Harter, Houssard, de l'Hortet, Joyeux, Kerler, Le Faucheur, Lavault, Laurent, Lesot, Leverdier, Lacollonge, Loustalet, Madolle, Moresco, Mopin, Moulin, Odille, Ossafrain, Poujade, Pradourat, Praud, Rouger, de Roca-Serra, Baux, Rouges, Saumont, Tarault, Taddéi, Tournay, Tessarech, etc... (1).

Excusés : MM. Benoît, contrôleur des mines, Mitouflet, sous-chef de bureau, les Camarades de Haiphong et ceux de la brousse qui, à raison de la distance, n'avaient pu être convoqués

A 10 h. 1/2 précises, M. Figeac, conducteur principal, qui avait pris l'initiative d'organiser cette réunion, a ouvert la séance, et, après avoir remercié les camarades d'avoir en aussi grand nombre répondu à son appel, en a exposé succinctement le but.

Chargé par les conducteurs et commis de Cochinchine d'essayer de fonder à Hanoi un Groupe Amical de l'Indo-Chine, il n'a pas hésité, après avoir tâté le terrain et acquis la certitude d'une réussite certaine, à aller de l'avant : Saigon possède, a-t il-dit, un Groupe Amical en pleine prospérité qui a pour but d'entretenir et développer entre les Agents des Travaux Publics, des liens de camaraderie et de solidarité. Les ressources dont ils disposent servent à distribuer des secours aux camarades nécessiteux, aux veuves et orphelins des camarades décédés.

Afin de ne pas rendre interminable la durée de cette réunion, M. Figeac déclare ne pas vouloir s'étendre davantage sur le but du Groupe et les moyens employés pour l'atteindre, se tenant à la disposition de ceux qui, insuffisamment fixés, voudraient bien avoir quelques explications. Mais la question étant connue, personne ne demande la parole.

Avant de mettre cette question de principe aux voix, il donne lecture du câblogramme suivant :

---

(1) Le pointage des présents n'ayant pas été fait, les camarades ayant assisté à la Réunion et dont les noms ne seraient pas mentionnés sont priés d'excuser le Comité.

« Comité Groupe Amical vous adresse vives félicitations pour résultat obtenu auprès Camarades du Tonkin, il vous prie être auprès d'eux interprète Groupe Cochinchinois pour affirmer vifs sentiments camaraderie et solidarité ; toutefois ayant pas aux termes des statuts qualité pour discuter proposition tendant à englober Groupe existant dans futur Groupe indo-chinois il ne pourra que soumettre question à prochaine assemblée générale. Pour assurer succès œuvre, semblerait prudent ne fonder, au moins provisoirement, à Hanoï que Groupe Local fonctionnant parallèlement avec Groupe existant ; on chercherait ensuite moyen vaincre difficultés matérielles qui semblent rendre fusion difficile en ce moment ».

M. Figeac expose qu'il a bien reçu mission de fonder ici un Groupe Amical de l'Indo-Chine, dont Saigon, l'Annam, le Cambodge et le Laos formeraient des sections. Les réticences signalées ne proviennent que d'un malentendu et d'ailleurs il n'y a pas lieu de s'y arrêter, car la question argent n'est pas en jeu et sera toujours réglée à la satisfaction des Camarades de Saigon. Il convient de se placer, pour ne pas avoir à revenir dans quelques jours sur cette question, à un point de vue plus générique : la situation des Agents des Travaux publics de l'Indo-Chine, la connaissance de leurs aspirations, la défense de leurs intérêts, pour lesquels il est nécessaire qu'il y ait un ensemble parfait et un Groupe désigné du premier coup pour parler au nom de tous.

Après une discussion entre M. Boisson, partisan de ménager les susceptibilités des Camarades de Cochinchine et M. Figeac, qui, les connaissant, sait qu'aucune difficulté ne peut surgir, du moment que la question finance est réservée, le camarade Kerler fait remarquer que la question peut être tranchée favorablement à la proposition de M. Figeac s'il est entendu que les fonds acquis au 31 décembre par exemple, resteront la propriété des Groupes tant d'Hanoï que de Saigon, sous la forme de fonds de réserve et qu'à partir du 1ᵉʳ janvier, une réglementation, qui fera d'ici là l'objet d'une entente, sera arrêtée.

Sous le bénéfice de ces explications, l'assemblée décide à l'unanimité, moins deux voix, la fondation du « Groupe Amical des agents des Travaux publics de l'Indo-Chine » dont le siège est à Hanoï.

M. Figeac proclame, en conséquence, la fondation du Groupe Amical des Agents des Travaux publics de l'Indo-Chine et demande à l'assemblée de vouloir bien désigner son Président. Il fait remarquer que cette place revient de droit à M. Boisson, conducteur principal faisant fonctions d'ingénieur, qui le plus ancien, universellement connu et estimé de tous, peut rendre les plus grands services à l'Association.

M. Boisson est à l'unanimité acclamé Président.

Appelé par M. Figeac à venir prendre possession du fauteuil

présidentiel, M. Boisson remercie les camarades de l'honneur qui lui est fait et promet son concours le plus dévoué ; il propose ensuite la désignation des autres membres du Comité.

Sont proclamés :

MM. Figeac, conducteur principal   *Vice-Président.*
     Lavault, commis   *Secrétaire.*
     Praud, sous-chef bureau   *Trésorier.*
     Baner, commis   *Membre.*
     Delfour, conducteur principal   *id.*
     Harter, contrôleur des chemins de fer   *id.*

Il est ensuite décidé que le Groupe Amical sera provisoirement régi par les statuts du Groupe Amical de Saigon, en attendant que le Comité ait le temps de rédiger, sur la même forme, mais plus appropriés à leur destination, ceux qui seront plus tard les statuts du Groupe Amical des Travaux publics de l'Indo-Chine. Des pourparlers devront dans ce but être engagés incessamment avec le Groupe Amical cochinchinois.

L'ordre du jour étant épuisé, la séance est levée.

Vu :   *Le Secrétaire,*
Le Président,   Lavault.
Adr. Boisson.

Premiers jours d'octobre.

« Gauthier, Travaux publics, Saigon (1).

« Vous prie annoncer bulletin 15 octobre que désormais impression se fera Hanoi. Veuillez m'adresser 150 exemplaires ce numéro.

« Figeac ».

TÉLÉGRAMME

M. Figeac à M. Gauthier, Travaux publics, Saigon.

« Saigon-Hanoi, 58 28 20 9/40 M V. T. Confirme dispositions projetées relatives *Topo* auxquelles avez pas répondu mais qu'acceptez évidemment vais faire exécuter tirage photogravure titre nouveau pour sixième numéro.

« Figeac ».

---

(1) Communication donnée sous forme de télégramme par M. Figeac mais qui paraît être plutôt le résumé d'une lettre adressée à M. Gauthier.

A Monsieur le Président du Groupe Amical des Agents des Travaux publics, Saigon.

« J'ai l'honneur de vous accuser réception de votre télégramme en date du 13 octobre courant et de vous adresser, en réponse le procès-verbal de la réunion générale tenue à Hanoi le 16 courant.

« La lecture de ce procès-verbal vous apprendra qu'un Groupe Amical est fondé au Tonkin et que sur mon insistance, malgré les restrictions de quelques camarades tonkinois, il s'institue Groupe Amical des Agents des Travaux publics de l'Indo-Chine, la Cochinchine devant former une section de ce groupe ; de même que l'Annam, le Cambodge et le Laos, si, plus tard. ainsi qu'il est permis de l'espérer. les camarades de ces parties de l'Indo-Chine daignent suivre la voie que nous leur indiquons et nous imiter.

« Mon insistance pour en arriver au but atteint, appelle des explications que je vais vous donner, d'abord j'ai tenu à remplir exactement la mission qui m'a été donnée par divers camarades à mon départ de Saigon et dans maintes circonstances ; j'en appelle au souvenir des camarades Fratani, Defougère, Mouret, Gauthier, etc.. qui, rappelant leurs souvenirs ne me contrediront pas.

« Ensuite, j'ai pensé que cela ne présentait aucune difficulté, bien des avantages pouvant, au contraire, en résulter immédiatement, en ne vous obligeant pas dans un avenir prochain, à remettre tout en question. D'ailleurs les précautions prises pour que vous ne soyez pas matériellement lésés, m'ont paru suffisantes et j'ai cru pouvoir passer outre à votre télégramme afin de donner du premier coup, au groupe tonkinois, l'attitude qu'il doit avoir et la suprématie qui, de par les choses mêmes, semblent lui revenir.

« On va vite en besogne ici et il était nécessaire que le groupe représentât dès les débuts toutes les aspirations et puisse parler au nom de tous. Une étude sur les retraites va commencer dans le Topo qui vous montrera l'allure que l'on va donner aux justes revendications du personnel, allure que nous n'eussions pas osé prendre à Saïgon par crainte de ne pas rencontrer en haut lieu l'approbation tacite nécessaire.

« J'avoue, mieux éclairé maintenant, que nous aurions eu tort, mais encore eût-il fallu pouvoir parler au nom de tous et être au préalable d'accord avec vous.

« Je n'insiste pas davantage sur ce point, la cause me paraissant plaidée.

« Vous pouvez remarquer en poursuivant la lecture du procès-verbal que nous avons fait le nécessaire, du moins nous le croyons, pour vaincre les difficultés matérielles qui vous ont semblé rendre momentanément la fusion irréalisable.

« Evidemment, il ne pouvait s'agir de vos fonds en caisse qu'il est, je me hâte de le dire, de toute justice que vous conserviez.

« Les dispositions prises vous permettront, à l'Assemblée générale de décembre, d'en faire le total après déduction des dépenses faites à cette date et de décider qu'ils constitueront votre fonds de réserve, lequel n'aura rien à voir avec le Groupe Indo-chinois.

« A partir du 1er janvier prochain, on pourrait, si vous le voulez bien, opérer ainsi : chaque groupe encaisserait les cotisations des membres inscrits à ses contrôles.

« Les changements de résidence des agents entraîneraient pour ceux-ci l'inscription d'office au groupe comprenant la nouvelle résidence et le versement par simple lettre d'avis, sans mouvement de fonds, des cotisations payées, en avance sur le mois courant et non compris le mois dans lequel la mutation se sera produite.

« En fin d'année, on régulariserait l'encaisse des groupes par un versement unique à celui qui se trouverait, vis-à-vis des autres, à découvert du fait des mutations toutes réunies qui se seront produites dans l'année.

« Les subventions des pouvoirs publics, Conseil Supérieur, Conseil Colonial, Municipalités, etc , seraient partagées entre tous les groupes ayant une caisse, au prorata du nombre des membres les composant (1).

« Si vous le préférez, chaque Groupe pourra conserver les subventions qu'il aura sollicitées et qui lui seront attribuées. Nous vous laissons le soin d'en décider. Toutefois, nous vous prions de vouloir bien considérer combien cela peut produire mauvais effet : Que penseront les assemblées locales ou le Conseil Supérieur par exemple de l'arrivée de demandes de subventions multiples émanant des divers groupes ?

« La question dépenses est, elle aussi, à régler. Les encaissements étant faits comme je l'ai dit plus haut, un groupe pauvre celui qui, par exemple, ayant eu beaucoup de veuves ou d'orphelins à secourir dans l'année, voit ses ressources s'épuiser ou même épuisées, pourra-t-il faire appel à la caisse du voisin plus heureuse et partant plus pleine ? Sur ce point nous vous laissons encore la parole, les camarades d'ici voulant plutôt accepter vos conditions qu'avoir l'air de vous imposer les leurs.

« Ils n'envisagent qu'une chose : arrêter d'un commun accord et surtout à votre satisfaction les règles qui doivent nous régir. A ce sujet, et c'est ici mon opinion personnelle que je vous livre, mais dans l'esprit que ce qui précède sera admis par vous, je crois qu'une contribution aux dépenses de chaque groupe par tous les Groupes réunis, toujours au prorata des membres les composant, aurait du bon, au moins pour les grosses dépenses, telles que les secours. Ce serait de la solidarité dans la solidarité. Que pensez-vous de cette trouvaille ?

---

(1) Provisoirement le Cambodge ferait partie du Groupe de Cochinchine avec le Sud-Annam. L'Annam Nord et le Laos du Groupe du Tonkin. Ce qui réduirait à deux les groupes composant l'unité indo-chinoise.

« Est-ce accepté ainsi ? Je l'espère. En tous cas nous nous tenons à votre disposition pour fixer définitivement les questions qui sont réservées à votre appréciation. Chaque Comité en ayant délibéré, et l'accord étant intervenu, il n'y aurait plus qu'à faire ratifier par l'Assemblée générale de décembre prochain. Les nouveaux statuts qui, à part les questions ci-dessus, seront les mêmes que vos anciens, mais au nom du Groupe indo-chinois, pourront ensuite être imprimés. Jusque-là nous vivrons avec les vôtres sans aucune modification.

« Je vous serais très obligé de vouloir bien faire aux questions ci-dessus une prompte réponse afin d'être prêts l'un et l'autre pour faire sanctionner notre accord aux assemblées générales de décembre prochain.

« En attendant, je vous prie de vouloir bien agréer, Monsieur le Président et cher Camarade, l'expression de mes sentiments confraternels les plus dévoués.

FIGEAC.

Délégué pour traiter cette question, par le Comité de Hanoi. (*Cette lettre qui n'était pas datée, semble avoir été écrite vers le 20 octobre 1904.*)

Télégramme adressé par M. Baudson, Président, à M. Figeac.

Comme suite au télégramme par lequel M. Figeac avait annoncé à M. Gauthier, directeur du *Topo*, son intention de faire paraître ce journal à Hanoi dès le mois de novembre :

22 octobre 1904

« Gauthier m'a communiqué télégramme. Vous prie surseoir à publication *Topo* à Hanoi jusqu'à décision de la prochaine réunion générale qui à en juger par Comité ne sera probablement pas favorable pas au transfert. Amitié à tous Camarades et particulièrement à vous. »

« BAUDSON. »

Télégramme de M. Figeac, reçu le 24 octobre en même temps que sa lettre ci-dessus.

Saigon de Hanoi 326 75 24 3 h. 40 s.

« Courrier demain apportera lettre et propositions les plus conciliantes, dans réunions auxquelles assistiez pas, ai reçu mission fonder groupe Indo-Chinois, réussite entraine conséquences inévitables qui changent rien bulletin sauf imprimés mais colonnes vous restent ouvertes d'ailleurs titre *Topo* m'appartient, sixième numéro est en préparation, édition riche, tirage mille, après cela si voulez créer division et apporter doute dans mission reçue vous êtes libre mais vous laisse toute responsabilité.

« Signé : FIGEAC ».

Procès-verbal de l'Assemblée Générale
du 12 novembre 1904

L'assemblée Générale du Groupe Amical des Agents des Travaux-Publics de Cochinchine régulièrement convoquée par la circulaire du 31 octobre 1904, reproduite ci-dessous, s'est réunie le 12 novembre 1904, à 5 h 15 du soir, dans le local habituel, sous la Présidence de M. Baudson, à l'effet d'examiner la proposition faite au Groupe par le Camarade Figeac, de devenir une section d'un Groupe amical des Agents des Travaux-Publics de l'Indo-Chine ayant son siège à Hanoi, groupe fondé le 16 octobre 1904 dans une réunion des Agents des Travaux-Publics de la Ville de Hanoi, dont le procès-verbal a été adressé directement à tous les agents de Cochinchine par le Comité provisoire élu dans ladite réunion.

CIRCULAIRE

« Monsieur et cher Camarade.

« Le cinquième numéro du Topo vous a renseigné sur les succès obtenus par notre ex-Président Figeac auprès de nos camarades du Tonkin. A peine débarqué à Hanoi il s'est occupé d'y fonder un Groupe amical des Agents des Travaux Publics et le dernier courrier nous a appris que c'est aujourd'hui chose faite

« Comme l'écrit cet excellent camarade, on va vite en besogne là-bas.

« Pour compléter son œuvre, notre ami nous a proposé de ne plus former avec les camarades du Tonkin et, plus tard, avec ceux des autres pays de l Union qu'un Groupe indo-chinois ayant son siège à Hanoi et dont le bulletin, notre Topo, paraitraît à Hanoi.

« Le Comité n'a pu en raison de la gravité des suites à prévoir, prendre aucune décision ; par télégramme il a prié M. Figeac de vouloir bien surseoir à la mise à exécution de ses projets et il a décidé de soumettre la question à l'Assemblée Générale qu'il convoque pour le samedi 12 novembre 1904, à 5 h 1/4 du soir, dans la salle ordinaire de réunion (La présente note servant de convocation).

« Pour bien préciser l'opinion générale des membres de la Société, pour orienter et guider la discussion qui aura lieu à la réunion générale, il a paru nécessaire de faire appel à tous et de mettre tous les camarades à même de donner leur avis.

« Il a donc été rédigé le questionnaire ci-joint adressé à tous les camarades en les priant, ceux surtout de l'intérieur qui ne pourront discuter en séance, de vouloir bien le retourner au Président, sous double enveloppe, s'ils le jugent utile, après avoir répondu aux questions, avant le 8 novembre.

Saigon, le 31 octobre 1904.

Le Président,

« Signé : BAUDSON ».

«P. S. — Contrairement à l'assertion émise par le camarade Figeac dans le compte-rendu de l'assemblée générale extraordinaire des Agents des Travaux Publics de Hanoi, le Comité du Groupe amical des Agents des Travaux publics de Cochinchine tient à prévenir les camarades qu'il n'a donné aucun mandat à son ancien Président pour fonder un groupe au Tonkin. L'interprétation donnée par le camarade Figeac à sa mission ne peut résulter que d'un malentendu.

QUESTIONNAIRE :

Le Groupe Cochinchinois doit-il, selon les propositions de M. Figeac, devenir une section d'un Groupe indo-chinois ayant siège à Hanoi?

Ne vaut-il pas mieux engager les camarades Tonkinois à suivre notre exemple et fonder un groupe semblable au nôtre pour plus tard étudier la possibilité sinon d'une fusion au moins d'une entente ?

Le *Topo* doit-il devenir Indo-Chinois et paraître à Hanoi ?

N'est-il pas préférable, même dans le cas de fusion, d'avoir un organe pour chaque section ?

Deux bulletins qui d'ailleurs pourraient se communiquer leurs clichés et tous les articles d'intérêt général ne se prêtent-ils pas mieux aux communications urgentes n'intéressant que chaque groupe ?

Etaient présents :

Membres du bureau : MM. Baudson, président, Fratani, vice-président, Defougère, secrétaire, Mouret, trésorier, Gauthier et Bérard ; *Membres :* MM. Ségot, J. Eynard, Salabelle, Claverie, Beau, Charpentier, Muller, Lombard, commis principal, Hoppe, Plucinski, Godard, Maurier, Poncet, Michel, de Roland, Moreau, Coppens, Genoud, Genèse, Doré, Appavou, David, Isidore (E) Poggi, Lebriac, Grisoli, Verret, Vespérini, Sinnas, Michelot, Prieur, Isidore (A), Borel.

Le président après avoir rappelé succinctement l'objet de la réunion, propose de dépouiller d'abord les questionnaires qui lui ont été adressés par les agents absents à Saigon ou remis en séance par les membres présents, de procéder ensuite à un vote par assis et levés, pour les quelques membres qui n'ont pas répondu par écrit, puis d'ouvrir une discussion générale pour permettre à chacun d'exposer ses idées au sujet des propositions venues de Hanoï, après quoi, l'Assemblée aurait à statuer. Cet ordre du jour est adopté par mains levées et le bureau procède au dépouillement des questionnaires.

Le camarade Coppens remet au Président un télégramme du camarade Figeac exprimant son vote et protestant contre les assertions tronquées de la circulaire du Président. Le Président ne comprenant pas ce que le Camarade Figeac entend par ces mots « Assertions tronquées » propose, de passer outre ce qui est fait.

Le dépouillement donne les résultats suivants :

	oui		non
1re question	6		30
2e id.	15		5
3e id.	6		31
4e id.	30		6
5e id.	31		6

Il est ensuite procédé par assis et levé au même vote par les membres présents qui n'ont pas déposé le questionnaire rempli. Ce vote donne les résultats suivants :

	oui		non
1re question	1		13
2e id.	14		2
3e id.	»		15
4e id.	15		»
5e id.	15		»

Ce qui donne les résultats définitifs suivants :

	oui		non
1re question	7		43
2e id	29		7
3e id.	6		46
4e id.	45		6
5e id.	46		6

La discussion générale est alors déclarée ouverte. Quelques camarades demandent qu'avant d'entamer cette discussion, lecture soit donnée à l'assemblée de toute la correspondance échangée avec Hanoï. Le Président rappelle les deux lettres adressées aux camarades du Tonkin par M. Boisson pour présenter M. Figeac et par ce dernier pour convoquer une assemblée à Hanoï, lettres qui ont paru au n° 5 du *Topo* et qui pour cette raison, ne sont pas lues.

Il lit ensuite les pièces :

Saigon, le 13 octobre 1904.

« Figeac T. P. Hanoi.

« Comité Groupe Amical vous adresse vives félicitations pour résultat obtenu auprès camarades du Tonkin, il vous prie être auprès d'eux interprète Groupe Cochinchinois pour affirmer vifs sentiments camaraderie et solidarité ; toutefois ayant pas, aux termes des statuts, qualité pour discuter proposition tendant à englober Groupe existant dans futur Groupe indo-chinois il ne pourra que soumettre question à prochaine assemblée générale ; pour assurer succès œuvre, semblerait prudent ne fonder, au moins provisoirement, à Hanoi que Groupe Local fonctionnant parallèlement avec Groupe existant, on chercherait ensuite moyen vaincre difficultés matérielles qui semblent rendre fusion difficile en ce moment ».

Réponse de M. Figeac

A Monsieur le Président du Groupe Amical des Agents des Travaux publics, Saigon.

Monsieur le Président et cher camarade,

« J'ai l'honneur de vous accuser réception de votre télégramme en date du 13 octobre courant et de vous adresser, en réponse le procès-verbal de la réunion générale tenue à Hanoi le 16 courant.

« La lecture de ce procès-verbal vous apprendra qu'un Groupe Amical est fondé au Tonkin et que sur mon insistance, malgré les restrictions de quelques camarades tonkinois, il s'institue Groupe Amical des Agents des Travaux publics de l'Indo-Chine, la Cochinchine devant former une section de ce groupe ; de même que l'Annam, le Cambodge et le Laos, si, plus tard. ainsi qu'il est permis de l'espérer, les camarades de ces parties de l'Indo-Chine daignent suivre la voie que nous leur indiquons et nous imiter.

« Mon insistance pour en arriver au but atteint, appelle des explications que je vais vous donner, d'abord j'ai tenu à remplir exactement la mission qui m'a été donnée par divers camarades à mon départ de Saigon et dans maintes circonstances ; j'en appelle au souvenir des camarades Fratani, Defougère, Mouret, Gauthier, etc.. qui, rappelant leurs souvenirs ne me contrediront pas.

« Ensuite, j'ai pensé que cela ne présentait aucune difficulté, bien des avantages pouvant, au contraire, en résulter immédiatement, en ne vous obligeant pas dans un avenir prochain, à remettre tout en question. D'ailleurs les précautions prises pour que vous ne soyez pas matériellement lésés, m'ont paru suffisantes et j'ai cru pouvoir passer outre à votre télégramme afin de donner du premier coup, au groupe tonkinois, l'attitude qu'il doit avoir et la suprématie qui, de par les choses mêmes, semblent lui revenir.

« On va vite en besogne ici et il était nécessaire que le groupe représentât dès les débuts toutes les aspirations et puisse parler au nom de tous. Une étude sur les retraites va commencer dans le Topo qui vous montrera l'allure que l'on va donner aux justes revendications du personnel, allure que nous n'eussions pas osé prendre à Saïgon par crainte de ne pas rencontrer en haut lieu l'approbation tacite nécessaire.

« J'avoue, mieux éclairé maintenant, que nous aurions eu tort, mais encore eût-il fallu pouvoir parler au nom de tous et être au préalable d'accord avec vous.

« Je n'insiste pas davantage sur ce point, la cause me paraissant plaidée.

« Vous pouvez remarquer en poursuivant la lecture du procès-verbal que nous avons fait le nécessaire, du moins nous le croyons, pour vaincre les difficultés matérielles qui vous ont semblé rendre momentanément la fusion irréalisable.

« Evidemment, il ne pouvait s'agir de vos fonds en caisse qu'il est, je me hâte de le dire, de toute justice que vous conserviez.

« Les dispositions prises vous permettront, à l'Assemblée générale de décembre, d'en faire le total après déduction des dépenses faites à cette date et de décider qu'ils constitueront votre fonds de réserve, lequel n'aura rien à voir avec le Groupe Indo-chinois.

« A partir du 1er janvier prochain, on pourrait, si vous le voulez bien, opérer ainsi : chaque groupe encaisserait les cotisations des membres inscrits à ses contrôles.

« Les changements de résidence des agents entraîneraient pour ceux-ci l'inscription d'office au groupe comprenant la nouvelle résidence et le versement par simple lettre d'avis, sans mouvement de fonds, des cotisations payées, en avance sur le mois courant et non compris le mois dans lequel la mutation se sera produite.

« En fin d'année, on régulariserait l'encaisse des groupes par un versement unique à celui qui se trouverait, vis-à-vis des autres, à découvert du fait des mutations toutes réunies qui se seront produites dans l'année.

« Les subventions des pouvoirs publics, Conseil Supérieur, Conseil Colonial, Municipalités, etc., seraient partagées entre tous les groupes ayant une caisse, au prorata du nombre des membres les composant (1).

« Si vous le préférez, chaque Groupe pourra conserver les subventions qu'il aura sollicitées et qui lui seront attribuées. Nous vous laissons le soin d'en décider. Toutefois, nous vous prions de vouloir bien considérer combien cela peut produire mauvais effet : Que penseront les assemblées locales ou le Conseil Supérieur par

---

(1) Provisoirement le Cambodge ferait partie du Groupe de Cochinchine avec le Sud-Annam. L'Annam Nord et le Laos du Groupe du Tonkin. Ce qui réduirait à deux les groupes composant l'union indo-chinoise.

exemple de l'arrivée de demandes de subventions multiples émanant des divers groupes ?

« La question dépenses est, elle aussi, à régler. Les encaissements étant faits comme je l'ai dit plus haut, un groupe pauvre celui qui, par exemple, ayant eu beaucoup de veuves ou d'orphelins à secourir dans l'année, voit ses ressources s'épuiser ou même épuisées, pourra-t-il faire appel à la caisse du voisin plus heureuse et partant plus pleine ? Sur ce point nous vous laissons encore la parole, les camarades d'ici voulant plutôt accepter vos conditions qu'avoir l'air de vous imposer les leurs.

« Ils n'envisagent qu'une chose : arrêter d'un commun accord et surtout à votre satisfaction les règles qui doivent nous régir. A ce sujet, et c'est ici mon opinion personnelle que je vous livre, mais dans l'esprit que ce que précède sera admis par vous, je crois qu'une contribution aux dépenses de chaque groupe par tous les Groupes réunis, toujours au prorata des membres les composant, aurait du bon, au moins pour les grosses dépenses, telles que les secours. Ce serait de la solidarité dans la solidarité. Que pensez-vous de cette trouvaille ?

« Est-ce accepté ainsi ? Je l'espère. En tous cas nous nous tenons à votre disposition pour fixer définitivement les questions qui sont réservées à votre appréciation. Chaque Comité en ayant délibéré, et l'accord étant intervenu, il n'y aurait plus qu'à faire ratifier par l'Assemblée générale de décembre prochain. Les nouveaux statuts qui, à part les questions ci-dessus, seront les mêmes que vos anciens, mais au nom du Groupe indo-chinois, pourront ensuite être imprimés. Jusque-là nous vivrons avec les vôtres sans aucune modification.

« Je vous serais très obligé de vouloir bien faire aux questions ci-dessus une prompte réponse afin d'être prêts l'un et l'autre pour faire sanctionner notre accord aux assemblées générales de décembre prochain.

« En attendant, je vous prie de vouloir bien agréer, Monsieur le Président et cher Camarade, l'expression de mes sentiments confraternels les plus dévoués.

FIGEAC.

Délégué pour traiter cette question, par le Comité de Hanoi. (*Cette lettre qui n'était pas datée, semble avoir été écrite vers le 20 octobre 1904.*)

Télégramme de M. Figeac, reçu le 24 octobre en même temps que sa lettre ci-dessus.

Saigon de Hanoi 326 75 24 3 h. 40 s.

« Courrier demain apportera lettre et propositions les plus conciliantes, dans réunions auxquelles assistiez pas, ai reçu mission fonder groupe Indo-Chinois, réussite entraine conséquences inévitables qui changent rien bulletin sauf imprimés mais colonnes vous restent ouvertes d'ailleurs titre *Topo* m'appartient, sixième numéro est en préparation, édition riche, tirage mille, après cela si voulez créer division et apporter doute dans mission reçue vous êtes libre mais vous laisse toute responsabilité.

« Signé : FIGEAC ».

Le Président ajoute qu'en même temps que la lettre de M. Figeac, il en recevait une personnelle de M. Boisson, l'informant qu'il n'avait pas voté à l'Assemblée de Hanoi, la fondation immédiate d'un groupe indo-chinois, et qu'il avait préconisé la fondation au moins provisoire d'un groupe local.

M. Boisson ajoutait qu'il s'était incliné devant la majorité surtout après les explications du camarade Figeac d'après qui la fondation du groupe unique aurait été envisagée à Saigon avant son départ et que dans ces conditions il avait épousé les idées de M. Figeac, souhaitant une entente parfaite entre les deux groupes pour l'appropriation des statuts actuels du groupe indo-chinois.

Télégramme adressé par M. Baudson, président, à M. Figeac, conducteur principal, comme suite à un télégramme par lequel M. Figeac avait annoncé à M. Gauthier, directeur du Topo son intention de faire paraître ce journal à Hanoi dès le mois de novembre :

22 octobre 1904.

« Gauthier m'a communiqué télégramme vous prie surseoir à publication *Topo* à Hanoi jusqu'à décision de la prochaine réunion générale qui à en juger par comité ne sera probablement pas favorable au transfert. Amitiés à tous camarades et particulièrement à vous.

« BAUDSON. »

Le président lit ensuite un télégramme reçu la veille de M. Boisson et ainsi conçu :

Saigon-Hanoi, 20 135 11 6 15 soir.

« Avant assemblée générale de demain crois devoir vous signaler mauvaise impression qui résultera de scission si elle se produit en raison mutations fréquentes entre divers pays Indo-Chine je suis convaincu et ne pensez vous pas avec moi qu'il y a tout intérêt à avoir groupe unique dont siège serait fixé non pas obligatoirement à Hanoi mais au siège habituel direction générale, camarades du Tonkin ont accepté avec enthousiasme idée de ce groupe unique en écartant vous pouvez l'affirmer aux camarades de Cochinchine toute idée d'accaparement des honneurs n'y voyant que sentiments camaraderie à affirmer crois devoir vous dire à titre renseignement que M. Guillemoto m'a dit personnellement à plusieurs reprises être partisan association amicale Indo-Chinoise qu'il s'étonnait ne pas encore voir créée, amitiés :

« BOISSON. »

Le Président appelle l'attention de l'assemblée sur les termes du télégramme de M. Figeac au sujet du *Topo* : « Titre *Topo* m'appartient ». Il demande aux membres de l'ancien Comité de rédaction du journal de vouloir bien renseigner l'assemblée sur ce point. MM. Gauthier et Moreau qui les premiers ont parlé avec M. Figeac de la création d'un bulletin sont d'accord pour reconnaître qu'ils ont adopté le titre de *Topo* de concert avec M. Figeac sur la proposition du camarade Moreau.

Le Président demande ensuite aux camarades qui auraient des propositions à faire ou des idées à émettre de les exposer à l'assemblée.

Le camarade Coppens affirme que lors du punch offert au camarade Figeac avant son départ pour le Tonkin, il a entendu des camarades lui donner mission pour faire de la propagande au Tonkin pour le Groupe Amical.

Plusieurs camarades sont d'accord pour reconnaître que le camarade Figeac avait été encouragé à essayer de fonder un groupe au Tonkin mais le camarade Coppens est le seul à dire qu'il s'agissait d'un Groupe indo-chinois et non d'un groupe local.

Plusieurs camarades prennent ensuite successivement la parole et attirent l'attention de l'assemblée sur les inconvénients que présente la fondation ex-abruto d'un groupe unique centralisant tout à Hanoi : Lenteur des moyens de communication qui pour la moindre décision à prendre concernant un agent de Cochinchine demanderait un délai de quinze jours au minimum ; impossibilité pour les agents de Cochinchine de participer en rien à l'Administration de la société ; impossibilité d'obtenir à l'avenir des subventions du Conseil colonial qui, très bien disposé à l'égard du groupe local, le serait peut être moins envers un Groupe indo-chinois ; certitude à peu près absolue de ne rien obtenir non plus du Conseil supérieur qui n'est pas coutumier de pareilles allocations et surtout manque absolu de données sur les projets de promoteurs du Groupe indo-chinois au sujet du fonctionnement de la future société.

Dans ces conditions, l'Assemblée *décide à l'unanimité*, moins une voix sur la proposition de son Président, *de s'en tenir à la déclaration faite par le Comité dans son télégramme du 13 Octobre 1904* qui était ainsi conçue.

« Pour assurer succès œuvre semblerait prudent de fonder au moins provisoirement à Hanoi que Groupe local fonctionnant parallèlement avec groupe existant. On chercherait ensuite moyens vaincre difficultés matérielles qui semblent rendre fusion difficile en ce moment. »

Le Président rend compte à l'Assemblée que sur la proposition de Monsieur le Lieutenant Gouverneur le Conseil Colonial a bien voulu voter une subvention de 300 $ à notre Groupe.

Il est décidé que des lettres de remerciements seraient adressées à M. le Lieutenant Gouverneur et à M. le Président de la haute Assemblée locale.

Le camarade Defougère fait ensuite la proposition suivante : Rattachement du Groupe amical des Agents des Travaux Publics de Cochinchine à la société métropolitaine des conducteurs, des contrôleurs et commis des Ponts et Chaussées et des Mines.

Il fait ressortir les nombreux avantages qu'a obtenus le personnel métropolitain, et par ricochet le personnel colonial, grâce à cette Société puissamment organisée, qui poursuit sans cesse l'amélioration de la condition morale et matérielle du personnel des Travaux Publics.

Le Camarade Poncet demande si cette société admet dans son sein les agents des cadres locaux, M. Defougère répond affirmativement et cite comme exemple MM. Savel et Santucci, conducteurs du cadre local qui en font partie.

Quelques camarades déclarent se rallier à la proposition Defougère et font ressortir que, si elle était adoptée par les agents de toute l'Indo-Chine elle suffirait à résoudre immédiatement, à la satisfaction et pour le plus grand bien de tous, cette question de l'unification en groupe Indo-Chinois qui placée sur un autre terrain paraît se heurter à tant de difficultés.

Il pourrait en effet y avoir à Hanoi, à Saigon et même si on le juge utile à Pnom-Penh et à Hué des Comités analogues aux Comités départementaux de la métropole qui, marchant la main dans la main, seraient réellement à même avec le concours du Comité central, de travailler utilement au bien général.

La proposition du Camarade Defougère est adoptée par acclamations et l'assemblée générale donne mission à son Comité d'entrer immédiatement en pourparlers avec le Comité central en vue du rattachement du groupe local à la Société métropolitaine.

La séance est lévée à 6 h 45.

Le Secrétaire,
A. DEFOUGÈRE.

Vu :
Le Président,
BAUDSON.

Péroraison de la communication de la Rédaction du «Topo» Indo-Chinois.

M. Figeac, Président d'honneur du Groupe Amical de Cochinchine, dont il est le fondateur et l'ancien Président, n'a jamais prétendu avoir été à son départ de Saigon chargé d'une mission officielle à l'effet de tenter la fondation d'un Groupe Indo-Chinois.

M. Figeac a toujours déclaré au contraire que sa mission tout officieuse, résultait de désirs exprimés par des camarades au moment de son départ et notamment au vin d'honneur qui lui a été offert.

Notre lettre du 19 octobre rédigée dans un esprit de camaraderie sincère quoique exprimé très parcimonieusement dans nos télégrammes.

Réponse du Comité du Groupe de Cochinchine

Nous nous contenterons de mettre en regard de ceci, les citations suivantes :

1° « *Chargé par les Conducteurs et Commis de Cochinchine d'essayer de fonder à Hanoi un Groupe amical de l'Indo-Chine....*

« *M. Figeac expose qu'il a bien reçu mission de fonder un Groupe amical de l'Indo-Chine.* » (Procès-verbal de la réunion de Hanoi du 16 octobre 1904).

2° « *Dans réunions auxquelles assistiez pas ai reçu mission fonder Groupe Indo-Chinois...Si vous voulez apporter doute dans mission reçue.* » .....

(Câblogramme du 24 octobre de M. Figeac à M. Baudson.)

3° *D'abord j'ai tenu à remplir exactement la mission qui m'a été donnée par divers Camarades à mon départ de Saigon.* »

Lettre du 19 octobre 1904 de M. Figeac à M. Baudson.)

Nous espérons que c'est assez clair, assez catégorique. Serait-ce sur le mot officiel' qu'on a voulu ergoter. Nous ne le pensons pas, car personne ici n'a jamais dit que M. Figeac avait prétendu avoir été chargé d'une mission *officielle*.

Les citations ci-dessus n'en prouvent pas moins à l'évidence qu'il a affirmé et soutenu avoir reçu une mission qui ne lui a jamais été confiée (même à titre officieux), celle de fonder un Groupe *Indo-Chinois*.

Ainsi que l'a déclaré l'assemblée de Saigon on avait engagé M. Figeac à fonder un groupe au Tonkin mais il n'est jamais venu à l'idée de personne ici de lui dire de fonder *illico* un groupe indo-chinois.

La lettre, oui, dans une assez large mesure mais le télégramme envoyé quelques jours après et qui nous est parvenu en même temps exprimait, *sans parcimonie*, tout le contraire de la camaraderie.

La « Rédaction » dira peut-être que ce télégramme émanait de M. Figeac seul, mais il prétend lui, avoir été chargé de négocier avec nous au nom dn Comité.

Par ce télégramme, reproduit ci-après, M. Figeac, voyant que l'on n'était pas disposé ici à couvrir l'audacieuse altération de la vérité qu'il s'était permise à l'assemblée de Hanoi, a essayé de l'intimidation; lisez plutôt :

«De Hanoi, 24 octobre 1904.

Baudson. T. P. Saigon.

Courrier demain apportera lettre et propositions des plus concilian-ter. Dans réunions auxquelles assis-tiez pas ai reçu misson fonder groupe indo-chinois. Réussiste en-traine conséquences inévitables ; du reste rien changé sauf imprimeur bulletin dont colonnes vous res-tent ouvertes.

D'ailleurs Topo m'appartient sixiè-me numéro en préparation, édition riche tirage mille. *Après cela si vou-le créer division et apporter doute dans mission reçue vous êtes libres mais vous laisse toute responsabilité.*

FIGEAC.

ne visait qu'une chose, la fondation d'un Groupe au Tonkin.

Alors pourquoi a-t-on senti le besoin à l'assemblée générale d'in-tituler ce groupe « Indo-Chinois » malgré les réserves expresses de no-tre télégramme ?

Peut-être parce qu'en bons ca-marades nous avions présenté ces réserves sous une forme très dis-crète espérant être compris par tous à demi mot, comme nous l'avons été par M. Boisson (Voir procès-verbal de la réunion de Hanoi).

puis, au-dessus de cela la fondation de l'unité indo-chinoise, que les

Oui, mais on a commencé par le dessus, on a voulu construire le 5.º étage de l'édifice avant le 1ᵉʳ.

En Cochinchine nous procédons autrement, et nous avons même été habitués par la nature de notre sol à soigner tout particulièrement les fondations.

camarades de Saigon regretteront certainement dans quelque temps d'avoir repoussée.

Nous nous plaisons à croire que ceci n'est pas une menace. Si c'est une simple prophétie qui vivra verra, pour le moment nous ne regrettons qu'une chose : c'est que M. Figeac se soit mis dans le cas de se faire désavouer par les camarades.

F. Ce n'est donc pas la mission de M. Figeac qui cause un malentendu

Non, c'est la dénaturation complète de cette mission par M. Figeac et il n'est pas difficile de le prouver.

La cause du malentendu réside tout entière dans l'affirmation osée faite par M. Figeac, à l'assemblée de Hanoi lorsque après les judicieuses et sages observations de M. Boisson, il a déclaré formellement que la fondation du groupe indochinois avait été envisagée à Saigon avant son départ. C'est cette affirmation contraire à la vérité qui a entraîné le vote de toute l'assemblée qui, elle, était de très bonne foi et a été simplement trompée.

M. Figeac comptait bien que le groupe en Cochinchine se serait incliné devant le fait accompli. Or, c'est ce que le groupe ne veut pas faire. Il ne saurait admettre que l'affirmatiou précitée de M. Figeac prétende prévaloir contre la vérité affirmée par 150 cnmarades.

Nous en appelons au bon esprit de tous les collègues du Tonkin. Nous les prions de relire attentivement le télégramme que le Comité de Saigon a adressé la veille de l'Assemblée de Hanoi, télégramme *aux conclusions duquel s'est simplement ralliée en définitive l'assemblée du Groupe Cochinchinois* et nous les prions de mettre ces conclusions

Cela exposé nous ne nous expliquons pas les motifs qui ont déterminé le Comité de Saigon à ne pas exposer franchement la situation aux Membres du Groupe, ni pourquoi son questionnaire n'a pas été complété par lui de la manière suivante :

1· Ne vaut-il pas mieux avec un personnel aussi interchangeable que celui de la Colonie, n'avoir qu'un seul groupe de façon que les cotisations puissent indistinctement être versées à la caisse de l'une ou l'autre section.

2· Avec un seul groupe indochinois, les droits acquis aux fonds de l'œuvre, par ce même personnel ne seront-ils pas aisément réglés ?

Ces seules considérations nous paraissent avec celles développées dans la lettre du 19 octobre, suffire

ainsi que le ton général de ce télégramme en parallèle avec la manière d'agir de M. Figeac et le ton qu'il a employé dans sa correspondance.

C'eût été faire injure au bon sens des Camarades. A ces deux questions ainsi posées, chacun ne pouvait répondre que oui, car c'est une chose absolument évidente qu'on aurait intérêt à être tous unis dans un même groupement. Mais si nous avions songé à poser ces deux questions, nous aurions été obligés de les compléter par les deux suivantes :

1· Ce groupe unique ne demande-t-il pas à être sérieusement organisé ?

2· Le groupe tel qu'il a été fondé récemment à Hanoi sans nous consulter et sans tenir aucun compte des réserves faites par votre Comité, vous parait-il conçu dans un esprit tel qu'il puisse réaliser l'organisation désirable ? Et à ces deux questions les sociétaires auraient répondu comme un seul homme :

Non.

La conclusion aurait donc été la même : que les agents du Tonkin forment un groupe, on étudiera ensuite la question de la fusion.

Au surplus le questionnaire n'avait pas la prétention d'être la base unique de la décision à prendre.

Il était uniquement destiné à recueillir des avis à priori notamment ceux des Camarades de la brousse.

La discussion générale devait avoir lieu et a eu lieu réellement à l'assemblée générale et on peut voir dans le procès verbal qu'il y a été parlé de beaucoup de choses étrangères au questionnaire.

On n'a jamais le droit d'aller contre la vérité même pour une cause que l'on croit bonne.

pour excuser M. Figeac, s'il en était besoin, d'avoir dépassé le but pour en arriver de suite à une unité que, dans sa conception il voyait logique.

Nous ajouterons que nous n'avons jamais voulu « englober »

le groupe amical cochinchinois pas plus d'ailleurs que nous n'aurions accepté d'être englobé par lui.

L'ancien Président Figeac avait rêvé deux sections distinctes, deux groupes ayant chacun leur autonomie régis par les mêmes statuts librement concertés et discutés,

Non, c'est pour rire ! oyez plutôt :

Dans sa première convocation adressée aux camarades du Tonkin, M. Figeac disait :

« Dans quelques jours, dans une « réunion à laquelle vous serez « invité à assister, il pourra être dis- « cuté des voies et moyens d'as- « surer la publication du Bulletin « à Hanoi et de l'organisation à « faire d'une *association amicale uni-* « *que englobant celle de Cochinchine* ».

Dans la lettre par laquelle il demandait l'insertion de cette circulaire au *Topo*, il disait :

« Il serait désirable que le Grou- « pe amical de Cochinchine vou- « lût bien se considérer *comme une* « *section de celui du Tonkin* qui em- « brassera l'ensemble de nos pos- « sessions d'Extrême-Orient ».

C'est à la suite de ces deux lettres que nous avons formulé des réserves, mais c'était bien naïf de notre part nous aurions dû comprendre que : M. Figeac avait « fait son siège ». Il l'avoue, du reste, dans sa lettre du 19 octobre 1904 quand il dit : « J'ai cru devoir *passer outre* « *à votre télégramme* afin de donner « du premier coup au groupe Ton- « kinois *l'attitude qu'il doit avoir* et « la suprémative qui de par *les* « *choses* mêmes semble lui revenir ». Seulement voilà, tout le monde ne comprend pas *les choses* comme M. Figeac et nous ne voyons pas ici ce que la *suprématie* viendrait faire dans un *Groupe Amical*.

Les Agents de Cochinchine sont trop bons camarades pour demander une chose aussi peu raisonnable.

S'il avait traduit son rêve par des statuts à soumettre à l'examen préalable des camarades pour être « librement consentis et discutés » par eux au lieu de se lancer à corps perdu et d'entraîner les camarades du Tonkin à l'aide d'une affirma-

d'une association amicale unique personnifié par le groupe Hanoïen.

et nous le déclarons sans parti pris, nous soutenons sa manière de voir

Nous n'avons pas été compris ou bien on n'a pas voulu nous comprendre, car c'est ce qu'en effet le caractère tendancieux de la circulaire du 31 octobre permet de supposer.

et nous le regrettons profondément

Quant aux démarches que nous signale le Comité de Saigon en vue de l'admission des adhérents des groupes de l'Indo-Chine à la Société des conducteurs et Commis de France nous lui laissons le soin de les négocier pour son propre compte.

tion contraire à la vérité et sans savoir probablement lui-même ce qu'il voulait, tout serait peut-être réglé actuellement à la satisfaction générale. Il est en effet certain que sans cette affirmation la manière de voir de M. Boisson aurait prévalu à l'Assemblée d'Hanoi et qu'à l'heure actuelle les pourparlers amicaux du Groupe du Tonkin et de celui de la Cochinchine auraient déjà abouti à une entente.

Personnifiée ! voilà précisément un mot très élastique. Cette personnification peut avoir de très bons et de très mauvais côtés et nous n'avions qu'un désir Faire au moment de l'étude préalable de la fusion un triage consciencieux en camarades.

Mieux éclairés, beaucoup d'entre vous, si vous êtes nombreux, changeront peut être d'avis.

Il est bien anodin ce « caractère tendancieux » à côté des télégrammes comminatoires de M. Figeac.

Nous regrettons aussi et très profondément d'avoir été incompris ou méprisés quand nous avons voulu, à un moment où il était encore temps, faire entendre le langage de la raison, langage que ceux qui n'avaient pas de parti pris ont parfaitement compris (Prière de relire notre télégramme du 13 octobre 1904).

Il n'y manquera pas, soyez tranquilles.

Qu'irons-nous faire dans une société dont le but est si éloigné du nôtre. L'union indo-chinoise peut fort bien se faire sans que nous ayons à nous jeter dans les bras de camarades qui n'ont guère souci de nous.

Maintenant que la situation est connue de tous, sous son vrai jour et quoi qu'il arrive d'ailleurs par la suite, le Topo indo-chinois,

laissant à ceux qui l'auront créée la responsabilité de la désunion,

si elle se continue, l'ignorera et ne reviendra plus sur la question.

La Rédaction.

Ce ne doit pas être l'avis de tout le monde au Tonkin.

Merci pour ces camarades et particulièrement pour ceux d'entre eux qui sont en Indo-Chine.

Nous espérons en effet qu'après les explications ci-dessus chacun pourra comparer et juger en connaissance de cause.

On n'aura pas besoin d'un grand effort d'imagination pour distinguer d'un côté le désir immodéré d'un homme de se mettre en avant, d'imposer à tous sa manière de voir en usant au besoin de moyens peu recommandables.

De l'autre, la foule des camarades désireux du bien commun voulant la Société vraiment amicale, mais *solidement organisée* et dans laquelle la volonté du plus grand nombre et non celle d'un seul ou de quelques-uns serait la loi.

C'est entièrement notre avis qu'il faut laisser à ceux qui l'ont créée la responsabilité de la désunion, mais ceux-là il est peut-être bon de les désigner. Ce sont la vanité de M. Figeac, sa soif de popularité, le désir impérieux, irrésistible qu'il éprouvait d'avoir de nouveau et sans délai un « Topo » à sa disposition, à domicile, pour y faire imprimer toutes ses élucubrations, d'être le grand maître du « Topo » et du Groupe amical, de pouvoir se dire : le Topo, c'est Moi, le Groupe Amical de Cochinchine c'était Moi, le Groupe amical de l'Indo-Chine, c'est Moi !

Nous sommes très heureux de voir prendre cette détermination par le « Topo » Indo-Chinois ; nous l'engageons vivement à y persister, nous ne lui reprochons qu'une chose c'est de ne pas avoir commencé par là :

Personne, en effet, ne lui demandait son avis sur la question qu'il a soulevée. Qu'il ignore la désunion, cela vaudra toujours mieux que de chercher à l'envenimer, comme il vient de le faire.

Nous prions en tout cas instamment le comité d'Hanoi dans le cas où il aurait quelques communications à nous faire de nous les faire par lettre et en tant que comité.

Nous ne reconnaissons en effet à !a rédaction du Topo Indo-Chinois aucune qualité pour parler au nom des camarades du Tonkin pour lesquels nous restons, malgré tout, de vrais camarades, attendu qu'ils ne sont pour rien dans le malentendu.

Quant à la Rédaction du Topo c'est la première et la dernière fois que nous lui ferons l'honneur d'une réponse.

Saigon, le 12 décembre 1904.

Le Comité du Groupe
de Cochinchine.

www.ingramcontent.com/pod-product-compliance
Lightning Source LLC
Chambersburg PA
CBHW061342050726
47595CB00005B/2037